AF287224

OLAF TRUNSCHKE

DER BRANDENBURGER TOR

EIN FÜHRER

AMOK:BOOKS

AMOK:BOOKS

*Preußen ist Deutschland
und Berlin Preußen.*

Ernst Dronke

Akademie. Ort (↗ Pissoirs) über den Pferde-
ställen des Königs.

Aliens. Sie leben unter uns: in gewissen Vierteln (↗ Kastell), die kein Polizist zu betreten sich mehr traut, an deren Grenzen die irdischen Gesetze versagen.

Ihre Kolonien verlassen sie kaum. Sie hausen in abgewrackten UFOs auf Brachen und am Rande der Flughäfen. – Man erkennt sie sofort am frechen Blick. Kultur (↗ Heimat) haben sie keine. Ihre Absichten: unbekannt.

Lediglich am Tag des außerirdischen Mitbürgers, wenn der Geruch (↗ Luft) extraterrestrischer Genüsse ums Quartier streicht, ahnen wir etwas vom Universum mitten im schmutzigsten Winkel der Stadt.

Amt. Beliebte Partydroge (↗ Wahlen) mit hoher Suchtgefahr. Regelmäßig oder in Überdosen genossen, kommt es zur Täuschung sämtlicher Sinne und zu einer dauerhaft verzerrten Wahrnehmung.

Architektur. Es gibt Gebäude (↗ Schwerkraft), vor denen sich, wenn die Passanten den Gehsteig betreten, ihre Haltung strafft.

Augen. Rund um den Alexanderplatz, auf den Dächern und hinter den Fenstern der Hochsicherheits-Etagen, sind Kameras angebracht, die früher Tag und Nacht aufmerksam ihren Blick über das Treiben (↗ Film) dort schweifen ließen.

Die Kabel wurden gekappt, die Optik nach und nach abgebaut. Doch geschieht es, daß eine der verbliebenen Kameras bei lautstarkem Auflauf (↗ Querulanten) plötzlich ihr Objektiv auf die Straße richtet: als ob die Stadt selbst sich mit glasigen Augen ansähe ...

Banausen.

Baustil. Berlin, wie schon der Name sagt, ist in den Sumpf (↗ Katastrophe) gebaut. Die alten Paläste stehen auf hölzernen Pflöcken; Fenster – wie Schießscharten – verbergen kaum die Stein gewordene Furcht (↗ Kastell). Selten freilich ist sie offensichtlich wie in der Stalin-Allee, wo, aus Gründen der Hygiene, alle Häuser gekachelt sind. So ist Berlin: eine vorgehaltene Fassade. Manche vermuten sogar, daß es dahinter die Stadt gar nicht gibt.

Besuch. Haben sich wichtige Gäste angekündigt, wird die Stadt (↗ Demokratie) vorübergehend geschlossen. An solchen Tagen sucht man Berlin vergeblich.

Bigfoot. Zuerst sahen ihn zwei Polizisten auf ihrer nächtlichen Streife: eine große, behäbige Gestalt. – Aber bevor sie ihn fassen konnten, war er in einer der Schluchten zwischen den Gepäckautomaten verschwunden.

Der Bigfoot wohnt am Bahnhof Zoo (↗ Fremde) in der Nähe der Herrentoilette. Er ernährt sich von Bier.

Sommers wie winters trägt er eine schmuddelige Fellmütze, die Ohrenklappen heruntergezogen, so daß sein Gesicht unter dem verfilzten Bart fast unsichtbar bleibt. Erdbraune Hosen und eine abgestoßene Lederjacke bedecken den Pelz.

Zuweilen trifft man den Bigfoot vor einem Schaufenster der umliegenden Kaufhäuser (↗ Kannibalen), wo Musik die Kunden anlockt – wie selbstvergessen, mit wiegendem Kopf.

14

Brachiale. Die jährlichen Festspiele vereinen die Höhepunkte feuriger Musik und blutvoller Bühnenkunst (↗ Theater). Legendäre Aufführungen waren hier zu erleben:

Drei kleine Kriege für Klavier unter Karajan verwüsteten mit ihrem Sperrfeuer unzählige Trommelfelle. Alle Radios übertrugen das musikalische Gemetzel ...

Der Sturz (↗ Terror) des Kanzlers – Open Air hoch überm Spreebogen – mußte wegen des grandiosen Erfolgs wiederholt aufgeführt werden. – Die Berliner Blutbilder (↗ Malerei), ein spritziges Dokument des Events, erzielten kürzlich Höchstwerte bei Sotheby's.

Auch war Berlin schon mehrfach Gastgeber des Kriegskunst-Festivals (↗ Zukunft). Noch immer erinnern hier und da Ruinen an überwältigende Choreographien.

Brücken. Berlin hat mehr Brücken als Venedig (↗ Strafe). In einige fließt die Spree hinein, ohne jemals auf einer anderen Seite anzukommen.

Es gibt eine Theorie, nach der die ganze Stadt nur eine Brücke (↗ Baustil) ist.

Business. Aus Nord und Süd, Ost und West: Alle Ganovenwege (↗ Zinken) kreuzten sich einst in der Stadt. Lange hielt sich die Legende von Ruhm und Reichtum. – Vorbei: Als der letzte Freibeuter am Wannsee in Rente ging, drohte ihm der Prozeß.

Alles hatte er in Geld verwandelt: gebrauchte Raketen, abgelaufene Granaten auf den Markt geworfen. Häuser verschoben: Wo abends noch Jugendstil stand, klaffte am Morgen eine Baulücke. Gehenkte Häftlinge verhökert: im Stück (↗ Kannibalen) oder in Teilen. Aus den Organen wurden Arzneien gewonnen, die Hüllen als Mumien weltweit an Museen verkauft. Getrocknetes Blut ersetzte in seiner Confiserie den Kakao.

Zwar hätten ihn alle gern am Galgen gesehen, doch hatten zu viele mit ihm gute Geschäfte (↗ Sex) gemacht. Über jeden wußte der Freibeuter Familiäres. Deshalb wurde er in den Aufsichtsrat gewählt.

Café. Schwarze Wände. Schwarze Stufen hinab. Schwarzes Licht (↗ Ufo) im Gewölbe.

Säulen und Wände schirmen die Tische in den Nischen voneinander. Jeder, der hier herkommt, weiß sich allein.

Selten, daß vor Mitternacht ein Gast (↗ Kannibalen) erscheint. Stets liegt dann eine frische Staubschicht auf den gekachelten Tischen.

Demokratie.

Denkmäler. In Paris das Pantheon, in London Westminster, in Moskau die Kremlmauer – jedes Land pflegt so seine Tradition.

Auch Preußen hat eine eigene Methode für seine unsterblichen Hüllen. – Zeit ihrer Macht durchdrungen von deutschem Geist (↗ Theater), erstarren sie rasch: Ein leichtes Klirren beim Laufen, die stolpernde, scheppernde Stimme sind erste Anzeichen ...

Der Rest: Gips, Rost und Blei. – So liegen sie schließlich dem Baugewerbe im Wege und belasten die Umwelt. Deshalb werden in Berlin die toten Herrscher nicht beigesetzt, sondern aufgestellt.

Dimensionen. Seit die Immobilienpreise astronomische Werte erreichen, hat man auch in Berlin begonnen, in parallelen Welten zu bauen.

Büros sind am Bahnhof Zoo über Bordelle gebaut, durch die Damenbekleidung im KaDeWe führt eine Umgehungsstraße.

Solange keine Zeitbeben auftreten, bleiben die Welten schön getrennt. Aber immer öfter kreuzen sich die Zeiger: Alkoholsüchtige Gerichtsvollzieher (↗ Henker) landen im Pfandhaus; polnische Prostituierte sitzen auf einen Plausch im Parlament ...

Praktisch jedes Ziel ist heute durch Krümmung der Raum-Zeit erreichbar. Parallel-Scouts führen ihre betuchten Kunden auf schnellem Weg (↗ Feigheit) direkt in den Vorstand oder ins Kanzleramt.

Krumme Wege – kurze Wege, sagt ein populäres Sprichwort.

Einwohner. In Berlin leben die Völker wie Flicken (↗ Kauderwelsch): zusammengenäht mit groben Stichen, berühren sie einander kaum.

Und doch sind es die wenigen Fäden, welche der Stadt ihr Gewand geben. Reißen sie, fliegen die Völker (↗ Aliens) auseinander wie Fetzen.

Feigheit. Der größte Boulevard, der fast die ganze Stadt durchzieht und in zwei Seiten teilt, ist immer wieder Schauplatz von Volksfesten (↗ Wahlen), Paraden und Demonstrationen.

Sonntags ist die Große Feigheit ein beliebtes Ausflugsziel, wenn alle Schichten im Schatten der alten Linden wandeln.

Mit ihr erreicht man auf kurzem Weg fast jeden Platz (↗ Dimensionen). Sie scheint überhaupt die beliebteste Straße der Stadt.

Film. Die Partitur der Großstadt wurde bereits im letzten Jahrhundert auf Zelluloid geschrieben und seither des öfteren erfolgreich aufgeführt.

Ja: Der Streifen füllte zeitweise derart die Kassen (↗ Geld), daß einige Lichtspiel-Häuser (↗ Reichstag) ihn immer und immer wieder, ohne Unterlaß laufen ließen – zuerst in den Sälen, später auch Open Air (↗ Lustgarten).

Ältere behaupten, daß dieser Film immer noch läuft und viele Szenen unseres Lebens sich dem Zelluloid verdanken.

Fremde. Wer zu früh kommt, wird die Stadt nicht finden: Öde Gegend breitet sich vor dem Bahnhof. Ein kühler Wind geht durch schemenhafte Straßen, noch haben die Häuser ihre Fassaden (↗ Baustil) nicht angelegt.

Besucher (↗ Aliens), die trotzdem die Stadt suchen, kehren oft nach wochenlangem Irren grau und abgerissen auf den Bahnhof zurück (↗ Bigfoot). Künftig verlassen sie die Schalterhalle kaum noch auf ein paar Schritte.

Führer. Rostige Eisentüren, verfallene Räume erwecken den Eindruck eines längst aufgegebenen Quartiers (↗ Unterwelt).

Am Abend, bevor der Rundfunk (↗ Lügen) meldete, der Führer sei gefallen, war Mengele in Berlin eingetroffen und in die Reichskanzlei geeilt, wo er Hitler das Blut gegen Glycerin ausgetauscht hatte.

Die Malereien an den Mauern sind verblaßt, das Wasser (↗ Strafe) steht in den Gängen. Unterm Potsdamer Platz aber, in einem schwer zugänglichen Teil des verfallenen Bunkers, harrt, umgeben von den Getreuen (↗ Zukunft), der Führer seiner Stunde.

26

Geld. Unter der alten Reichsbank, wo aus Angst vor seinem Volk der letzte Diktator in einem Tresor lebte, gibt es einen geheimen Hafen.

Früher lag hier ein U-Boot (↗ Party), das dem Geheimdienst gehörte, vor Anker. Ein Arm der Spree reicht bis unter die Räume, wo heute wieder Geld gezüchtet wird. Ein Handgriff genügt, die Schätze in den Fluß zu versenken.

Es herrscht ein undurchsichtiges Treiben hier unten, eine Handbreit Stahl entfernt von der Spree: Geld kommt, Geld geht. – Woher die Redensart stammt: Es fließt in dunkle Kanäle.

Gleise. Die Bahnlinien sind, wo es nur irgend-wie geht in Berlin, unter die Erde oder in die Höhe verlegt, um Selbstmörder (↗ Vampir) abzuhalten, die laufend den Verkehr behin-dern.

Heilung. Kaum, daß nach einer Therapie (↗ Virus) die gröbsten Schäden beseitigt, die Opfer versorgt sind und der Puls der Stadt langsam wieder zum normalen Rhythmus (↗ Skandal) findet, schon streiten die verfehdeten Mediziner um das Patentrezept:

Sehen die einen in Desinfektion der Sprache das Heilmittel und kämpfen gegen unreine Reden und für keimfreies Deutsch, so glauben andere an die Kraft von Amputation (↗ Überwachung) und Aderlaß.

Einigkeit herrscht: Rettung ist möglich. Doch ist Eile geboten! – Jede Klinik hat da für ihr Heilmittel (↗ Korruption) die einzig wahre Diagnose.

Heimat.

30

Henker. Mit dem Fall des staatlichen Mord-Monopols hat das alte Handwerk einen bemerkenswerten Aufschwung erfahren. Vor allem private Anbieter (↗ Business) sind es heute, deren Dienste gern in Anspruch genommen werden.

Szenelokale richten ihren Gästen opulente Henkers-Mahlzeiten. Baumärkte preisen ihre Home-Schafotts mit Aktionsrabatt. Die Galgenlieder erklimmen die Hitparade.

Zur Plage hingegen wurden die vielen Pfuscher (↗ Politik), die, ihre rostige Guillotine im Koffer, als hausierende Henker die Preise und den Ruf der ganzen Branche verderben.

Hotel. Noch vor Einbruch der Dunkelheit fällt das Gatter vor dem Eingang, denn längst sind alle Fächer besetzt und verriegelt. Aber noch immer drängt sich eine uferlose Horde vor dem Gitter: in irrer Hoffnung (↗ Museum) auf einen Platz für die frostige Nacht. Am nächsten Morgen fünf Uhr bellt eine Hupe, und die ausrollenden Schubfächer geben ihre Schläfer frei für einen weiteren Tag.

Kannibalen. Sippen, denen ihre eigene Art zur Nahrung dient, leben bevorzugt am Wasser oder in waldreicher Gegend.

Daß sie Nachbarn (↗ Einwohner) verzehren, ist selten geworden. Überwiegend beziehen sie ihre Kost heute aus Afrika oder Übersee. An den bunten Dosen weist auch kaum etwas auf den Inhalt. Nur in den Feinkost-Etagen der großen Kaufhäuser am Kurfürstendamm bekommt man zuweilen noch ein frisches Stück Neger.

Gute Reiseführer verzeichnen aber einige Restaurants (↗ Café).

Kastell. Luke bei Luke. Schmale Tunnel, enge Schächte: Die Häuser in Berlin-Kastell sind aus Angst (↗ Architektur) gebaut.

Aber in wenigen Tagen wurden sie hochgemauert, in wenigen Tagen werden sie zusammenbrechen.

Katastrophe. Kürzlich lehnte sich ein Tourist, der schon etliche Tage in Berlin unterwegs gewesen war, versehentlich an eine Wand und brachte so die Stadt zum Einfallen: Haus um Haus. Straße für Straße, Viertel und Viertel wurden flachgelegt – bis nur noch die Kontur (↗ Stadtbild) blieb: der Plan in einem alten Reiseprospekt, der, irgendwo in der Ecke einer schmutzigen Bahnhofshalle, langsam vergilbt.

Kauderwelsch. Auf dem Prenzlauer Berg lebt ein kleines Volk (↗ Künstler), das redet rückwärts.

Killer. Der Killer (↗ Tabu) kommt mit der Post. Mittags liegt er im Briefkasten: ausreichend frankiert und vorschriftsmäßig verschlossen.

Manchmal findet die Polizei noch Reste im Papierkorb (↗ Amt) oder zwischen den alten Zeitungen.

Kirche. Am Bahnhof Alexanderplatz, umgeben von einem kleinen Park, steht die Alexander-Kathedrale, ein Wahrzeichen der Stadt.

Wer sich von Süden her Berlin nähert, erblickt als erstes, hoch aufragend, das Minarett. Vom Morgen bis in die Nacht geht von hier die frohe Botschaft in jede Wohnung.

Einmal am Tag, meist in den Abendstunden, ist jede Familie vor dem Hausaltar (↗ Lügen) versammelt. Und alle Blicke falten sich zum Gebet.

Korruption. Früher nur in den Reform-häusern, heute in jedem Supermarkt zu haben: in allen Packungsgrößen.

Frisch aufgebrüht und heiß genossen, lindern die Blüten (↗ Amt) allerlei Beschwerden. Auch sonst ist sie gegen die ärgsten Verstimmungen (↗ Skandal) des Gemüts von Nutzen.

Manche Berliner züchten auch selbst: In vielen Vorgärten steht sie um diese Jahreszeit in voller Pracht. – Auf märkischem Sand gedeihen die üppigsten Exemplare.

Unregelmäßig gestutzt, bildet sie Ableger, die, haben sie einmal Wurzeln geschlagen, kaum noch auszurotten sind. Mancherorts gilt sie als typisches Unkraut.

Künstler.

Luft. Zerschnitten wie das Land war einst auch die Luft über Berlin. Zwei Gerüche teilten die Stadt – streng der eine, wirr und betäubend der andere: ein Gebräu aus den Dünsten der Kraftwagen, Körper und Kebap-Buden.

Diese besondere Luft, welche die Sinne trübt, ist in vielen Liedern (↗ Oper) besungen worden. Schon immer gab es Versuche, die Rezeptur nachzuahmen: In geheimen Labors arbeiteten im Auftrag der Regierung geniale Duft-Designer – aber mehr als ein Parfüm, das den Namen der Stadt trägt, kam dabei nicht heraus.

Heute werden Duftstoffe und kleine Mengen Opium dem Benzin beigemischt, so daß über den Städten stets eine berauschende Wolke liegt.

Lügen. Die Kunst der Lüge, eine preußische Form des Märchens, ist tief verwurzelt im Volk. Denkmale oder Tafeln an Straßen und Plätzen erinnern an große Lügen-Erzähler (↗ Akademie).

Gleich hinterm Brandenburger Tor befindet sich seit Jahren das Lügen-Museum. Wer hier still von Raum zu Raum geht, kann die erstaunlichsten Lügen hören. Besonders gelungen, finden sie noch heute einen Platz in den Nachrichten-Sendungen und Zeitungen (↗ Papier).

Aber nicht nur im Museum ist die Lüge lebendig. Deshalb stehen sommers die Tore des Hauses weit offen zur Stadt.

Lustgarten. Eckiger Platz, auf dem an reg-nerischen Tagen die Pfützen (↗ Unwetter) ausufern und der Kies unter den Absätzen knirscht.

Malerei. Mit Einführung der Euro-Norm für Aquarell und Öl hat auch in Berlin der Pinselstrich (↗ Künstler) den versprochenen Aufschwung erfahren: Jeden Super-Markt ziert inzwischen eine stattliche Galerie.

Liebliche Landstriche, süffige Stilleben, trockene Kompositionen: Es steht für jeden Geschmack etwas im Regal.

In guten Jahren unterbieten einander die Gemälde-Discounter (↗ Business) mit ihren Angeboten: drei Kreuzberger zum Preis von zweien. Die Weißenseer im 10er-Pack. Handsignierte Rabatt-Marken ...

Allein die gesetzliche Rücknahme-Pflicht für Leer-Rahmen trübt etwas das Erfolgs-Bild.

Mauer. Wenig bekannt ist, daß es die sprichwörtliche Berliner Mauer (↗ Baustil) einmal wirklich gab.

Noch heute wird in der Stadt ab und an ein Opfer (↗ Vampir) aus der Spree oder von den Gleisen geborgen. Man weiß deshalb ungefähr, wo einst das tödliche Bauwerk verlief.

Mode. Fast jeder trägt eine zweite Haut aus Glas und Metall. Er pflegt sein Äußeres, widmet ihm regelmäßige Kosmetik. Und wenn eines Tages das Gesicht (↗ Werwölfe) zu schäbig erscheint, beginnt er sich zu häuten. An den Straßen (↗ Feigheit) und auf den Parkplätzen rosten die abgelegten Hüllen.

Museum. Der Besucher (↗ Fremde) nimmt in weichen Sesseln Platz. Sitzt an einem Tisch. Und wer es sich leisten kann, streckt auch einmal seine Glieder auf einem echten Bett (↗ Hotel) aus.

Nebel. Häuser, Straßen, Passanten – alles deckt die Retusche (↗ Stadtbild). An solchen Tagen sieht man Berlin ganz klar.

Oper. Sommers lungern die Tenöre in den Parks herum. Sie nerven die Leute mit ihren Arien und sind eine Schande für die Stadt.

Nach der Auflösung der Chöre fanden die namhaften Solisten rasch neue Rollen (↗ Politik). Die einfachen Sänger aber blieben auf der Straße.

Insgeheim, heißt es, gründen sie Sängerbünde, wo sie, in den Hinterzimmern schmuddeliger Schenken, die alten Lieder pflegen.

Papier. Ein heimtückisches Gift (↗ Amt), das heute in Spuren fast überall zu finden ist.

Party. Das Tauchboot, ein ausgemusterter Kahn, der früher unterm Regierungspalast vor Anker lag, ist bekannt für ausdauernde Orgien in der Tiefe des Flußbetts.

Niemand weiß vorher genau, wann und wo das Boot auftaucht. Doch die Nachricht (↗ Kirche) zieht ihre Kreise. Sofort sind neue Gäste an Bord, werden die Schotte dicht gemacht. Und ab geht die Fahrt. Die Lautsprecher beginnen zu stampfen, die Kolben dröhnen, es geht einem in Stahl und Öl über.

Erst wenn alle entkräftet sind, nimmt die Feier ihr Ende. Und das Boot, oft schon verschollen geglaubt, taucht irgendwo wieder aus den Fluten.

Pissoirs. Seit jeher waren die achteckigen Häuser aus Eisen Orte des öffentlichen Lebens.

Wichtige Entscheidungen wurden gefällt, Verabredungen getroffen: Hier war die Macht mit Händen greifbar.

Der allgemeine Verfall gab auch diese Plätze deutscher Kultur (↗ Akademie) dem Rost anheim. In einem der letzten und schönsten Pissoirs fand schließlich das Ministerium für Arbeit seine Heimstatt.

Politik. Die große Seuche unserer Zeit. Viele tragen in sich jahrelang den Keim, bevor die Krankheit zum Ausbruch (↗ Virus) kommt. Dann aber besteht auf Heilung kaum mehr Aussicht.

Der Versuch, die Betroffenen in größeren Gruppen, sogenannten Parteien, einer Therapie zuzuführen, blieb bislang ohne Erfolg.

Im letzten Stadium, der heißen Politik, gewinnt der Wahn (↗ Papier) mehr und mehr an Macht und drängt zur Tat: Der Befallene wird eine öffentliche Gefahr.

Berlin ist gezeichnet von den Spuren der Politik.

Polizei. Ein pfiffiger Einfall: die Gauner in Uniform zu stecken.

Auf Streife (↗ Zinken) entwickeln sie erstaunliche Instinkte: Diebe, Mörder und Hochverräter erkennen sie von Weitem am Geruch (↗ Bigfoot).

Für eine monatlich sichere Beute lassen sich viele Ganoven in den Dienst nehmen.

Pornographie.

55

Post. Das verderbliche Wirken (↗ Killer) dieser Sekte ist auch in Berlin aller Orten zu spüren.

Querulanten. Unter allen Sekten ist diese, deren Religion im fanatischen Unglauben besteht, zweifellos die unfaßbarste.

Wo andere Gläubige sich in Kirchen, Moscheen oder Tempeln treffen, sammeln sie sich in Burgen, die freilich nicht Bauwerke meinen, sondern Gebiete: Straßen, Dörfer, auch ganze Städte gelten als Querulantenburgen. Berlin ist Hochburg.

Gebete und Andachten (↗ Revolution) ergeben sich zufällig: Treffen zwei bis drei Querulanten aufeinander, ziehen sie wie magnetisch in kürzester Frist eine weitaus größere Zahl ihresgleichen an. Kommt auf einem Querulantentreffen die Polizei zum Einsatz, sorgt das unvermeidliche Aufsehen meist nur für den Auflauf von noch mehr Querulanten.

Recht und Ordnung sind ihnen ein Greuel. Es ist, als würde jedes nachdrückliche Auftreten der Ordnungsmacht immer neue Querulanten aus dem Boden stampfen.

Reichstag. Als Christo das Gebäude wieder auspacken wollte, machte er eine ärgerliche Entdeckung: Nur warme, dicke Luft hatte die glänzende Hülle (↗ Schwerkraft) zuletzt noch getragen.

Eine begehbare Laser-Skulptur ersetzt jetzt das Gemäuer: virtuelle Säle, Treppen und Galerien (↗ Mauer). Funkwellen plätschern durch die Räume. Eine Kuppel aus Licht überspannt die Fata Morgana (↗ Film) und zieht die elektrisierten Touristen magnetisch an.

Revolution. Berlin ist die Stadt des Aufruhrs: Abend für Abend (↗ Zeit) treffen sich die Rebellen in konspirativen Bars. Dort betreiben sie mit brenzligen Cocktails (↗ Heilung) den Umsturz.

Schwerkraft. Wie Felsen stehen die Zikku-
rate (↗ Architektur), worin die Verwalter der
Schwerkraft sich niedergelassen, im Stadt-
zentrum.

Leichtfüßige Touristen erliegen immer wieder
der Anziehung. Staunend stehen sie vor den
Blöcken, aus denen nach außen kein Laut
dringt, kein Zeichen: Das Licht, sogar die
Worte krümmen sich um das Zentrum der
Schwerkraft. Kaum bewegt sich einmal schwer-
fällig ein Verwalter (↗ Denkmäler) über die
Straße, seinem Transportmittel zu, das ihn
zum nächsten Schwerpunkt trägt.

Und wenn am Abend sich mineralische Stille
(↗ Tiergarten) herabsenkt, schwindet dem
Betrachter die letzte Kraft unter den Sohlen.

Sex. Neben zahllosen kleinen Bordellen besitzt Berlin drei Lehranstalten (↗ Lügen) von Weltrang. Die Fähigkeit, Kopf und Körper mit Gewinn (↗ Business) zu verkaufen, hat in der Hauptstadt schon immer Schule gemacht.

Skandal. Am Morgen trommeln ihn die Schlagzeilen. Wer diesmal seine Chance (↗ Wahlen) verpaßt hat, muß warten bis zum nächsten Jahr.

Stadtbild. Zu den Rändern hin ist das Stadtbild verblasst, kaum daß noch die Konturen (↗ Nebel) sichtbar sind.

Generationen haben daran gemalt. Wimpernbögen, Nasenflügel und Mundwinkel der Könige und Kanzler die Straßenzüge (↗ Mauer) geprägt. Krieg, Not und Brand ihre Narben (↗ Brachiale) hinterlassen.

Man hat versucht, die zerstörten Stellen zu restaurieren: aber der Untergrund (↗ Führer) mißlingt. Alles bleibt oberflächlich, Kopie.

Das Stadtbild (↗ Katastrophe) ist nicht zu retten. Deshalb wurde es kürzlich verkauft.

Strafe. Aus Röhren und Kanälen ist unter den Häusern und Straßen ein sinnreiches Netz ausgelegt. Kein Ort in der Stadt, der so nicht erreichbar wäre: vom Haupt- in die Seitenkanäle, die Abwasserröhren hinauf in die Gullys, durch die Ableitungen in Waschbecken und Wannen – aus denen, wenn die Spree (↗ Brücken) beginnt, rückwärts zu fließen, das Spülicht in hellen Fontänen springen wird: Becken, Bäder, Wohnungen flutet, die Straßen überschwemmt, die Stadt.

Tabu. Gegenstand immer wieder aufkommender Gerüchte sind die verbotenen Zimmer (↗ Augen) von Berlin: Sie haben keinen Zugang. Kein Schlüssel öffnet irgend eine Tür.

Wer einmal aus einem solchen Zimmer einen Anruf (↗ Post) erhielt, der geht künftig stockenden Schrittes. Sein Blick ist gehetzt. Die Stimme klingt trocken und schwankend.

Gewisse Häuser (↗ Pornographie) stehen entsprechend im Ruf. Tatsache ist: Wir haben keinerlei Adresse. Wir kennen weder Gang noch Nummer. Wir wissen nur: Es steht ein Telefon am Fenster.

Terror. Nur ein toter König ist ein guter König. – Die Kunst (↗ Akademie) des schönen Mordes hat es freilich in Berlin nie zur Blüte gebracht:

Keine Detonation eines kaiserlichen Gefährts findet Nachhall in einem unsterblichen Drama. Kein Öl verewigt den gemeuchelten Monarchen: in seiner Badewanne hingestreckt ... Kein edler Killer bringt seine Opfer für kassenfüllendes Kino.

Nichts dergleichen. – Stillose Gemetzel, dilettantische Attentate: kein Motiv für die Kunst (↗ Brachiale). Und ein schäbiges Bild nur für die Nachwelt. Es ist eine Schande für die Stadt.

Theater. Hohe Gunst genießt die Kunst des Mimen: der Hauptmann von Köpenick, die falsche Beatrix, der König von Deutschland – klassische Rollen (↗ Banausen) begnadeter Komiker!

Aber leider: Die Bretter verlottern. Nur, wenn ein wirklich begabter Komiker sich einmal das Amtskleid (↗ Mode) überstreift, wetzen die Kritiker noch ihre Federn.

Doch solche Possen (↗ Politik) genügen kaum einem Könner. Und so verläßt jeder große Mime, unter befreiendem Gelächter und allgemeinem Applaus, alsbald den Amtssessel.

Tiergarten. Mit dem Einmauern der Regierung wurde auch der Tiergarten gerodet, um die zahllosen Penner (↗ Oper) und Griller (↗ Querulanten) ihres Schlupfwinkels zu berauben.

Heute dient die Brache den Freilandversuchen mit genmanipulierten Scharfschützen, deren Laub sich an warmen Tagen in der milden Sonne räkelt.

Überwachung. Bahnhöfe, Warenhäuser, Toiletten (↗ Pissoirs) – überall tastet der gläserne Blick. Selbst in der Kanalisation sind Kameras (↗ Augen) untergebracht: vorgeblich der Krebsvorsorge wegen, um den Zustand der Röhren und Kanäle zu kontrollieren. – In Wahrheit natürlich, um der Heerscharen fanatischer Chirurgen Herr zu werden, die in den Eingeweiden (↗ Heilung) der Stadt operieren.

Immer häufiger fällt das Netz aus, bricht die Versorgung zusammen, weil ein Verteiler stillgelegt, ein Strang amputiert wurde. – Es ist zu befürchten, daß am Ende nicht mehr bleibt von der Metropole, als eine ausgeweidete Mumie.

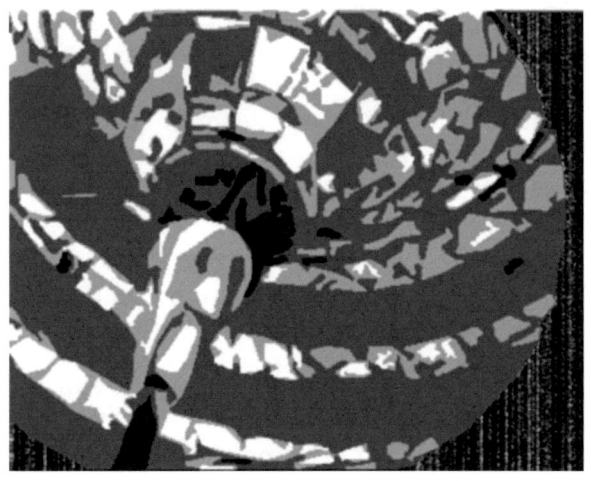

Ufo.

70

Uhren. Sie stehen an jeder Kreuzung, auf jedem Platz: zumeist auf einem Sockel, weithin sichtbar.

Ältere Werke geben, immer wenn der Zeiger eine weitere Minute vorwärts rückt, ein Geräusch: als ob eine Münze fällt.

Stunde um Stunde fräsen die Zeiger so aus dem Tag.

Moderne Uhren sind über Kabel oder Funk direkt mit der nächsten Bank (↗ Geld) verbunden, wo die gewonnene Zeit in Bargeld umgemünzt wird.

Unterwelt. Wer früher die Friedrichstraße entlang ging, spürte zuweilen unter den Füßen ein unerklärliches Beben ...

Plötzlich brachen die Gehsteige auf, das Pflaster (↗ Heilung) öffnete sich, Treppen traten zu Tage, Stufen hinab – wo noch gestern nichts gewesen war, als der tägliche Arbeitsweg.

Auch heute sieht, wer in der U-Bahn einmal den Blick von den Plakaten und Monitoren weg zum Fenster wendet, dunkle Tunnel, in die Gleise hineinführen, obwohl in dieser Richtung keinerlei Haltestelle mehr liegt.

Nachts (↗ Café), wenn die letzten Züge eingefahren, die Zugänge zu den Bahnsteigen geschlossen sind, herrscht auf diesen Strecken reger Verkehr.

72

Unwetter. Mittags hatte eine schlimme Sonne hoch über der Stadt gestanden. Gegen Abend dann ballten sich schwere Wolken: gelb, später schwarz und schließlich fast zinnober (↗ Luft).

Große silberne Tropfen schlugen bald auf die Straße, zerspritzten zu Kügelchen, rollten übers Pflaster und sammelten sich endlich in Schlaglöchern und Senken zu giftig glänzenden Pfützen.

Ein solcher Tag ist ein Fest (↗ Party) für die Stadt: In Windeseile schließen Schulen, Geschäfte und Ämter: heim, zur Familie: vor den Fernseher. Mit fliegenden Studios sind die Sender zur Stelle. – Vorm Objektiv quengeln die Opfer. Harsche Worte hagelt es im Kommentar. Auf den Quiz-Kanälen schwillt der Jackpot. Showtime. Showdown.

Vampir. Blaß, ihre unrasierten Gesichter scharf geschnitten: Manchmal trifft man einen früh in der Stadtbahn (↗ Fremde). In die Ecke gedrückt. Hinter die Zeitung.

Virus. Es kommt durch den Äther, es fließt durch die Drähte. Es vermehrt sich im Wirtschafts-Teil der Morgenzeitung.

Legendäre Karrieren (↗ Korruption) nahmen so ihren Anfang ...

Strengste Quarantäne (↗ Besuch) ist ungeschriebenes Gesetz. Jeder Bahnhof und jeder Flughafen hat heute eine geschlossene Virus-Lounge.

Wahlen. Zum volkstümlichen Brauchtum von erstaunlicher Beliebtheit (↗ Party) zählen die alljährlichen Wahlen – ein Ritual aus dem Geist der Dampfmaschine: Auf und nieder. Links und rechts. – So imitieren sie die Weisheit von Kolben und Gestänge. Es ist, als hielten sie eine längst ausgemusterte Maschine in Fahrt, deren Rhythmus den Städtern irgendwie ins Mark und in die Beine geht.

Werwölfe. Nach Feierabend versammeln sie sich in ihren Cafés und Clubs (↗ Unterwelt): Hier, wo sie ihresgleichen wissen, müssen sie ihr Fell nicht verbergen, können sie frei ihre Zähne zeigen.

In den Konzerthallen der Welt singen die Wolfs-Chöre (↗ Künstler) für volle Kassen. Ihre Mode erregt Aufträge auf allen Messen. Geschieht eine Untat in der Stadt, ist ein Schuldiger schnell gefunden.

Zeit. Eine begehrte Ware. Viele Berliner setzen einen Teil ihrer Tage in Geld (↗ Sex) um.

Für Geld wiederum kann man Zeit (↗ Uhren) erwerben. In der Oranienburger, auf der Kurfürstenstraße bieten Frauen Stunden zum Verkauf: Ab und an hält ein Auto. Tritt ein Kunde heran. Man handelt kurz, begibt sich dann ins nächste Büro.

Bei den alljährlichen Aufständen (↗ Revolution) lautet eine wiederkehrende Losung: Gleiche Zeit für alle!

Zinken. Gauner haben seit jeher ihre eigene Sprache (↗ Kauderwelsch). Ansässige und reisendes Gesindel verständigten sich über einfache Kritzeleien: Kreuze, Strichfiguren, kleine Bilder – die anzeigten, wo Geld zu holen war und die Polizei nicht störte.

Selbst unbegabte Ganoven (↗ Polizei) hatten ihr gutes Auskommen, so daß viele in der Stadt ansässig wurden.

Die Zeichen sind heute auf jedem Bahnhof (↗ Gleise), an jeder Straßenecke zu finden. Sie dienen der Orientierung im öffentlichen Verkehr.

Zukunft.

80

Nachsatz. Bahnhöfe, Bordelle, Baumärkte – Berlin ist eine verwirrende Stadt: Man muß sie im Spiegel ansehen, um nicht den Verstand zu verlieren.

Der Brandenburger Tor ist ein Projekt in Progreß. Frühe Texte datieren aus den Wendejahren, einige wurden 1996 als Hypertexte im Netz veröffentlicht und von DIE ZEIT und IBM mit einem Preis ausgezeichnet. Andere stammen aus jüngsten Tagen.

Olaf Trunschke, geboren 1958 in Radebeul bei Dresden, war Chemiker, später Lektor, Werbetexter und Verleger. Heute arbeitet er als Designer und Dozent für digitale Medien. Außer Prosa veröffentlichte er bisher vor allem Aphorismen und Gedichte. Der Autor lebt in Berlin.

Register:

Das Menschen-Museum
Olaf Trunschke

Wer im Museum lebt, wird der Mumien und Ruinen, der Legenden und Mythen kaum mehr gewahr.

Dieses Buch gibt mit kurzen Texten eine Einführung in die wunderliche Kultur auf jenem Planeten, der einmal Erde geheißen haben wird.

Fünfzehn Piktogramme erleichtern dem Benutzer die Orientierung.

"Skurril und witzig, eine kurzweilige und lohnende Lektüre." PRINZ

Ereignishorizont
Olaf Trunschke

Die Zeit ist aus den Fugen. Nur zwischen Elbe und Oder scheint sie still zu stehen. – In Polen streiken die Werften. Die Russen beginnen die Lügen abzureißen, die Stalin gebaut hatte. – Nichts von alledem will man wahrhaben zwischen Brandenburger Tor und Alexanderplatz.

Roman Kopielka, gelernter Physiker und angelernter Lektor für Kinderbücher, geht jeden Tag die Friedrichstraße entlang: in seinen Gedanken ein Manuskript über Atome, Teleskope und Schwarze Löcher. – Um ihn herum die geronnene Gegenwart, die mehr und mehr Risse zeigt ...

Ereignishorizont. – Eine Geschichte um Vorzeichen und Umbrüche, Wahrnehmung und Verdrängung.

Bibliographische Information
der Deutschen Bibliothek: Die Deutsche
Bibliothek verzeichnet diese Publikation in
der Deutschen Nationalbibliographie:
http://dnb.ddb.de

1. Auflage
© 2007 Olaf Trunschke
Gestaltung und Satz: Olaf Trunschke
Druck: Books on Demand GmbH
ISBN 978-3-86157-100-1

Amok:Books ist ein Imprint
des octOpus Verlages Olaf Trunschke.

www.amokbooks.de